Antonio Elster

Wie kleine Ideen & Erfindungen großes Geld verdienen

Der richtige Lizenzvertrag

für Patent-Inhaber und Erfinder

Reihe: MEHR WISSEN ALS ANDERE

IO

Antonio Elster:
Der richtige Lizenzvertrag für Patent-Inhaber und Erfinder

©2009 Antonio Elster. Alle Rechte vorbehalten. Erste deutsche Auflage. Titelbild/Einbandgestaltung Antonio Elster. Herstellung und Verlag BOD GmbH, Norderstedt. ISBN 978-3-8370-8867-0. Printed in Germany 2009

1. Gute Ideen schützen
– und Geld damit verdienen

Liebe Leserinnen und Leser,

der kleine Erfolg des Buchtitels „Deutscher Patentschutz für 40 Euro" hat etwas überrascht. Solch eine Spezialmaterie, so dachten wir, kann ja gar nicht viele Leser finden. Doch weit gefehlt. Nicht nur sind die Verkaufszahlen des Buches höher als angenommen – obendrein machten sich auch engagierte und interessierte Leser die Mühe und schrieben mit der Bitte um einem Folgetitel. Heute freuen wir uns, Ihnen diesen Titel an die Hand geben zu können. Da es sich dabei um eine nochmalige Spezialisierung des Lesestoffes handelt und auch schwer zu wissen ist, ob Sie, der Leser, diesen Vortitel überhaupt kennt, beginnen wir mit einer Rekapitulation, worum es überhaupt geht.

Einführung
Seitdem sich Menschen ihrer eigenen Existenz und damit der Unbequemlichkeit des Alltags bewußt sind, wird gesucht, geforscht und entwickelt – und dabei immer wieder Neues entdeckt. Aus diesen Entdeckungen werden dann Produkte hergestellt, die das Leben bequemer, billiger, schneller oder in anderer Weise besser machen. Bevor dieses Ziel allerdings erreicht werden kann, müssen Menschen in ihrem Kopf, in

4

ihrem Vorstellungsvermögen und in ihrer Phantasie beständig neue Ideen als (zunächst vermutete) Verbesserungen entwickeln. Interessanterweise ist dies bei vielen Menschen der Fall. Wer kennt nicht aus eigener Erfahrung die aus dem Nichts auftauchenden Gedanken: »..da müßte man mal..« Eine unbändige Neugier und ein offensichtlich angeborener Drang, es sich in der Welt bequemer einzurichten, scheinen förmlich dazu zu zwingen. Denn gar nicht selten entstehen funktionierende, interessante, erfolgreiche Innovationen aus einer kleinen Unbequemlichkeit, Ärgerlichkeit oder Not heraus.

Würde diese schier unüberschaubare Menge an menschlicher Innovationskraft nicht existieren – unsere Welt wäre eine völlig andere: Neben einem äußerst gefährlichen und tristen Höhlenleben von durchschnittlich 25 Jahren Dauer würde natürlich auch keinerlei Kunst und Kultur existieren: Denn auch zum wundervollen Malen Michelangelos, oder zum ertragreichen Anbau von Weizen, war ganz bewußte und gut funktionierende Technologie notwendig, über die sich irgendwann einmal jemand tiefe Gedanken gemacht haben muß, dann aktiv wurde – und schließlich mit seinen Versuchen erfolgreich war. In diesem Sinn sind die Nachdenker und Erfinder – allgemein: die an Mechanik, Elektrik, Chemie und anderen naturwissenschaftlichen Fachbereichen interessierten und engagierten Menschen – die einzigen, und die einzig wahren, Menschenfreunde und Verbesserer der Welt, die diese Auszeichnung verdienen.

Doch welche klugen und aufmerksamen Geister haben sich damals die geschickte Pinselbindeart, den neuen langlebigen Farbstoff oder die Sähmaschine ausgedacht? Und hat sich für diese Köpfe der oft große Zeit- und Kostenaufwand gelohnt, der notwendig ist, um eine bloße Idee in die wirkliche Welt zu übertragen? Wir alle wissen leider: Bis auf wenige Ausnahmen sind die Personen unbekannt, die die Menschheit durch die Jahrtausende immer weiter einen kleinen Schritt nach vorn brachten. Zwar geht mit jeder guten Idee im günstigsten Fall die Aussicht auf Ruhm und Reichtum einher. Man denke nur an Albert Einstein. Die Veröffentlichung seiner neuen physikalischen Theorie[1], die kaum jemand verstand und die heute zwar das Leben Vieler beeinflußt, aber immer noch von eher wenigen Menschen verstanden wird – machte ihn schnell zu einem weltberühmten Mann. Für andere Beispiele braucht man gar nicht so hoch zu schauen. Auch in den »Niederungen« der handfesten Alltagsprodukte sind Namen wie beispielsweise Edison, Diesel und Linde jedem geläufig. Auch diese Tüftler und Erfinder fanden noch große, grundsätzliche, bis dahin unbekannte Neuerungen, die ganze Wirtschaftsbereiche massiv beeinflußten und die schon aus diesem Grund die Gründung eigener Unternehmen begünstigte. Damit war zwar nicht immer, aber oft, Ruhm und finanzieller Erfolg gewährleistet.

Die weitaus meisten neuen und erfolgreichen Ideen jedoch waren früher, sind heute und werden auch in Zukunft immer die »kleinen« Verbesserungen sein. Diese kleinen Geistesblitze gehen nicht an die Grundlagen der Physik. Sie finden nicht bislang unbekannte Naturgesetze und begründen nicht den Aufbau neuer Industrien. Doch das macht überhaupt nichts. Denn gerade die kleinen, auf den ersten Blick eher unscheinbaren Ideen können ein immenses Potential besitzen, weil sie einfach und kostengünstig umzusetzen sind: Es fällt viel leichter, sie zuende zu denken. Es ist einfach und kostengünstig, ein funktionierendes Muster oder einen Prototyp herzustellen. Die Produktion läßt sich gut überschauen. Und schließlich sprechen kleine und kostengünstige Produkte in der Regel den Massenmarkt an, der hohe Stückzahlen und Umsätze verspricht. Von diesen Vorteilen werden auch potentielle Lizenznehmer angezogen, was wiederum die Chance für eine vorteilhafte Vermarktung vergrößert: Also, aus der Sicht des

---

[1] In Kombination mit den nicht lange auf sich warten lassenden Beweisen für die Richtigkeit.

Einzelnen kann es wesentlich vorteilhafter sein, sich mit kleineren Alltagsverbesserungen zu beschäftigen, als den nur sehr vereinzelt möglichen, großen und weltverändernden Ideen nachzuhaschen. Damit jeder Besitzer einer Denkmaschine auch ohne viel Kapital und ohne eigene Anwaltskanzlei die Möglichkeit hat, die Ergebnisse seiner Maschine im eigenen Namen zu schützen und die Vorzüge seines geistigen Eigentums zu genießen, anstatt es in irgendeiner Schreibtisch- oder Gehirnschublade verstauben zu lassen, darum haben viele Länder eine Patentbehörde (das Patentamt) eingerichtet[2]. Diesem Patentamt obliegt es, mithilfe der sogenannten Patentierung neuen Ideen und Verfahren gewerbliche Schutzrechte zu erteilen, zu verwalten und die Öffentlichkeit über bestehende Schutzrechte zu informieren. In Deutschland heißt die Patentbehörde *Deutsches Patent- und Markenamt*, ist eine dem Bundesministerium für Justiz nachgeordnete Bundesbehörde und hat ihren Hauptsitz in München:

Deutsches Patent- und Markenamt

Zweibrückenstraße 12
80331 München
Telefon (089) 2195 - 0
Telefax (089) 2195 - 2221,
Internet: www.dpma.de

Postanschrift: Deutsches Patent- und Markenamt, 80297 München

Dabei ist eine Patentierung im Grunde nichts anderes als eine einfache Registrierung einer neuen technischen Idee, verknüpft mit einem individuellen Namen zu einem konkreten

---

[2] Selbstverständlich gibt es noch ein ganze Reihe weiterer, zum Teil sehr eigennütziger Gründe, weshalb ein Staat die Patentierung anbietet – doch dies würde hier den Rahmen sprengen.

Datum. Aus Erfindersicht wird damit ein relativ sicherer Schutz aufgebaut der verhindert, daß unberechtigte Dritte das fremde geistige Eigentum kostenlos zum eigenen Vorteil nutzen. Geschützt wird also vor billiger Kopie und Nachahmung. Werden die existierenden Eigentumsrechte (...das ist wichtig: zuerst müssen sie in Existenz gebracht werden) verletzt, dann ist der Klagegrund gegeben: Schadensersatz kann eingefordert werden.

So einfach dies klingt – die Praxis kann es wie so oft in sich haben. Neben der Schwierigkeit der exakten Formulierungen dreht sich bei Patenten vieles darum, wer beim Anmelden schneller war. Dabei unterscheiden sich die Systeme, und die dahintersteckenden Mentalitäten, beispielsweise zwischen den USA und Deutschland (Europa) ganz erheblich: In den USA kann registrierter Patentinhaber werden, wer die betreffende Idee nachweislich zuerst hatte. Nicht so in Deutschland: Hier wird offizieller Besitzer, wer die Idee zuerst anmeldet! Das System der USA ist demnach gerechter und fairer, kann aber manchmal schwierig zu erbringende Beweise erfordern. In Deutschland dagegen kann jeder eine gute Idee in der Garage des Freundes »abgucken« und diese postwendend im eigenen Namen anmelden – wodurch er tatsächlich rechtmäßiger Patentinhaber wird, falls der wirkliche Erfinder ihm nicht zuvor kommt!

Falls also Sie, liebe Leser, bereits eine gute Idee im Kopf haben, die Sie schützen lassen möchten, dann ist daraus der erste Schluß zu ziehen:

1. Niemanden teilhaben lassen, und
2. umgehend anmelden, um das frühestmögliche Anmeldedatum zu sichern.

Dazu sei ebenfalls noch angemerkt, daß sich nicht wenige Menschen während des Prozesses der Ideenausarbeitung zu regelrechten Perfektionisten entwickeln: Falls überhaupt, denken sie erst dann an eine Schutzanmeldung, wenn ihr Produkt quasi serienreif entwickelt ist. Doch das kann zu spät sein. Es ist ratsam, so früh wie möglich – zum Beispiel unmittelbar nach dem Feststellen der Funktion durch einen Prototyp – das Anmeldeverfahren zu beginnen: Denn mit dem erstmaligen Antragseingang beim Patentamt wird das Datum für diesen Antrag festgehalten. Dieses Datum ist Dreh- und Angelpunkt der gesamten Registrierung sowie für alle Patentunklarheiten und -streitigkeiten, die sich irgendwann in der Zukunft möglicherweise entwickeln können.

...und damit Geld verdienen

Um mithilfe kleiner und größerer Patente dem finanziellen Erfolg eine gute Chance zu geben, existieren mehrere Möglichkeiten. Neben der Produktion und dem Vertrieb im eigenen Namen oder im Auftrag ist der Verkauf der Produktions- und/oder Vertriebsrechte, also die Lizenzierung, die am häufigsten genutzte Lösung. Für die erste Möglichkeit benötigt der Erfinder ein ausgesprochen gutes Organisationstalent und oft viel Kapital, um die Produktion und/oder den Vertrieb erfolgreich aus dem Nichts auf die Beine zu stellen. Für die zweite Möglichkeit, die für die meisten Menschen die erste sein sollte, ist dagegen »lediglich« das Finden eines vielversprechenden Lizenznehmers sowie die Ausarbeitung eines sogenannten Lizenzvertrags erforderlich. In diesem Vertrag wird schriftlich geregelt, daß

- der Inhaber eines Patents (des Schutzrechts) als Lizenzgeber
- einem bestimmten Vertragspartner als Lizenznehmer
- die Genehmigung erteilt,
- dieses Schutzrecht

- vollständig oder in Teilen
- gegen die Zahlung von einer oder mehreren Gebühren
- wie im Vertrag festgehalten zu nutzen.

Durch die Vergabe einer Lizenz wird also bestimmt, in welchem Umfang und zu welchen Bedingungen ein Lizenznehmer die geschützte Idee verwenden darf, oder auch muß. Festzulegende Bestimmungen sind beispielsweise

- die Laufzeit des Vertrages
- die Art der Lizenz
- die Marktregion (Bundesland, Deutschland, Europa, weltweit)
- die Unterlizenzregelung
- zu produzierende Mindestmengen
- Lizenzhöhen, Zahlungsbedingungen, Zahlungsfristen und vieles mehr.

Beschränkungen dürfen dem Lizenznehmer in nahezu jeder Hinsicht auferlegt werden, allerdings dürfen diese Beschränkungen lediglich das Schutzrecht selbst betreffen und nicht darüber hinaus gehen. Sonst würde gegen das Kartellrecht verstoßen. Dann stellt sich die Frage, ob es sich um eine einfache oder um eine Exklusiv-Lizenz handeln soll. Die *Exklusiv-Lizenz* überträgt dem Lizenznehmer alle Rechte alleinig an der Erfindung. Sie kann aber nach ihrer Art, also zum Beispiel nur die exklusive Produktionslizenz, oder nur die exklusive Vertriebslizenz beschränkt sein. In diesen Fällen besitzt dann allein der Lizenznehmer die Befugnis über das Schutzrecht. Ist keine entsprechende Klausel enthalten, verliert sogar der Lizenzgeber selbst seine Rechte an dem Produkt für die Laufzeit des Vertrages.

Bei der *einfachen Lizenz* hingegen hält der Lizenzgeber weiterhin Rechte an seinem Produkt. Es ist somit möglich, mehrere Lizenzen an unterschiedliche Lizenznehmer zu vergeben. Die Frage für den Erfinder, ob eine einfache oder eine Exklusiv-Lizenz die bessere Wahl ist – die stellt sich lediglich dann, wenn tatsächlich eine Wahl besteht: Dies ist aber oft gar nicht der Fall. Denn meistens hat der Käufer, also der Lizenznehmer, sehr genaue Vorstellungen davon, was er möchte und was nicht. Entweder es wird ihm genau dies angeboten – oder es gibt keinen Vertrag. So einfach ist es oft.

In einem Lizenzvertrag sollte auch geregelt werden, ob der Lizenznehmer Unterlizenzen vergeben darf, also ob er etwa die Lizenz selber und im eigenen Namen weiterverkaufen darf. Wird keine Regelung getroffen, so bedeutet dies im Allgemeinen, daß Unterlizenzen vergeben werden dürfen. Und ganz wichtig ist natürlich die Frage der Lizenzzahlung. Da in Deutschland, gerade noch, Vertragsfreiheit besteht, können alle möglichen und unmöglichen Bezahlungsschemata verwendet werden. Die Zahlungshöhen sind vom Potential des Produktes und von der Art des Vertrages abhängig – und natürlich vom Verhandlungsgeschick der beiden Parteien. In der Regel ist eine Exklusivlizenz teurer als eine einfache Lizenz. Da bei genauem Nachdenken über Lizenzverträge

- sehr viele Dinge im Detail zu regeln sind und
- weil es nicht selten um interessante wirtschaftliche Dimensionen geht und
- weil sich Vertragspartner gern falsch erinnern,

sollten Lizenzverträge grundsätzlich immer schriftlich verfaßt werden. Dabei ist es nicht empfehlenswert, Musterverträge zu verwenden oder bestehende Lizenzverträge einfach zu übernehmen. Die eigenen Ausgangsvoraussetzungen sind selten mit anderen zu vergleichen. Auch muß der Lizenzgeber darauf achten, von den oft erfahrenen Lizenznehmern (Geschäftsführer, Firmenanwälte etc.) nicht über den Tisch gezogen zu werden. Umgekehrt ist es allerdings auch wichtig,

11

mit beiden Beinen auf dem Boden zu bleiben und die eigenen Vorstellungen und Forderungen nicht in den blauen Himmel zu schrauben. Doch bevor es zum Vertragsabschluß kommen kann, muß erst einmal ein abschlußwilliger Lizenznehmer gefunden sein. Und dies ist in der Regel alles andere als einfach. Natürlich kann man bei Bekannten herumfragen, Messen besuchen und ähnliches. Die effektivste Maßnahme jedoch ist häufig die gezielte Ansprache. Mithilfe großer Datenbanken, wie etwa *Wer liefert was* und andere, werden in Sekundenschnelle potentielle Ansprechfirmen gefunden, deren Produktions-, Produkt- und/oder Vertriebsspektrum „paßt". Dort anzurufen, den richtigen Gesprächspartner ausfindig zu machen und dann auch noch Interesse zu wecken, das ist der schwierigere Part. Hat man es geschafft, seine Idee oder sein Produkt greifbar und persönlich vorzustellen, kommt es also zu einem Prototypen-Vorstellungstermin, dann sieht es oft ganz gut aus.

Dies ist überhaupt ein wichtiger Punkt: Die Praxis zeigt immer wieder, daß ein funktionierender Prototyp (oder ein nah an der Realität ausgeführtes Muster), der angeschaut und betastet werden kann, fast universelle Voraussetzung für den Erfolg ist. Sie *müssen* ihr Produkt zeigen und vorführen können! Es muß nicht perfekt aussehen, es darf improvisiert wirken – **aber es muß funktionieren.** So schön und seriös perfekte Dokumentationen und wohlgewählte Worte wirken: Zeigen Sie einen funktionierenden Prototyp!

Wenn dann ein Lizenznehmer gefunden wurde, hat er, wie schon erwähnt, nicht selten die besseren Einblicke in das Vertragswesen und in die Vertragsgestaltung. Da hier viele Risiken lauern, sich aber auch viele Möglichkeiten bieten, ist es fast immer ratsam, sich mit einem Anwalt seines Vertrauens zu beraten. Dies gilt ausdrücklich auch nach der Lektüre dieses Ratgebers. Denn wohlgemerkt – es geht dann um eine, zu Ihren Gunsten möglichst vorteilhafte, Vertragsgestaltung: Es muß also vielleicht gar nicht unbedingt ein Patentanwalt sein.

Ein gewiefter Vertragsrechtler kann in dieser Situation eventuell sogar die besseren Dienste leisten.

2. Ein Exklusiv-Lizenzvertrag

Auf den folgenden Seiten wird Ihnen ein echter Exklusiv-Lizenzvertrag vorgestellt. Er beschreibt den Rechteerwerb für die Produktion und den Vertrieb an einer kleinen Haushaltserfindung namens CCC. Erfinder von CCC ist eine private Einzelperson, Lizenznehmer ist ein mittelständisches deutsches Unternehmen. CCC wurde durch das deutsche Gebrauchsmuster geschützt. Der Erfinder stand vorher in keinerlei Kontakt zum Lizenznehmer, sondern fand ihn auf genau die Weise, wie oben beschrieben wurde. Weiter unten finden Sie den gesamten Lizenzvertrag zunächst im Original[3] für eine erste Übersicht. Der Vertragstext besteht aus 3 Teilen: Dem Basisvertrag, der Anlage A (Produktion und Vertrieb) und der Anlage B (Lizenzgebühren). Diese Aufteilung erfolgte wegen besserer Übersichtlichkeit und Lesbarkeit.

Sicherlich werden bei dieser ersten Durchsicht Fragen und Unklarheiten entstehen. Aus diesem Grund wird im Anschluß jeder Vertragsabschnitt einzeln besprochen und mit Erläuterungen versehen. Diese Vorgehensweise soll dem mit der Materie nicht vertrauten Leser helfen, die ungewohnte und manchmal auch trockene Thematik besser zu verstehen. Dabei sollte dem Leser bewußt sein, daß der endgültige, hier vorgestellte Vertragstext das Resultat sehr vieler Verhandlungen, Diskussionen und Änderungen ist. Im konkreten Fall zog sich der Verhandlungsprozeß über einen Zeitraum von rund 3 Monaten hin: Begonnen wurde mit Textversion 1. Als sich beide Parteien endlich abschließend mit dem Entwurf

---

[3] Vertrauliche Daten wie Namen, Bezeichnungen, Aktenzeichen, Orte etc. wurden geschwärzt oder geändert.

14

einverstanden erklärten, war man bei Textversion 17 angelangt. Immer und immer wieder wurde hier und da etwas geändert, angefügt oder weggelassen. Sämtliche Vertragspunkte sind daher weder von Partei A oder Partei B bestimmt oder festgelegt, sondern sie sind das Ergebnis aus schriftlichen, telefonischen und persönlichen Verhandlungen zwischen den Parteien.

Aber immerhin – der Vertrag kam zustande. Und genau das muß erstes Ziel von Vertragsverhandlungen sein. Aus diesem Grund ist es wichtig, während der Verhandlungen nicht nur die eigene Seite zu sehen. Jeder Lizenznehmer hat gleichberechtigte Bedenken, und auch Sicherheitsvorkehrungen zu treffen, die mit Produktion und Vertrieb nach industriellem Standard nicht vertrauten Personen oft unbekannt, manchmal sogar unverständlich sind. Also: Bei Vertragsverhandlungen kritisch nachdenken, analysieren und Vorschläge machen – ja, unbedingt. Aber ständig denken, daß man nur von allen übervorteilt werde - nein.

Dennoch ist anzumerken, daß es sich hier um einen Ratgeber für Privatpersonen mit wenig oder keiner Erfahrung bezüglich Lizenzverträgen handelt. Kommentare und Hinweise zu den Vertragsbestimmungen sind deshalb tendenziell an dieser Partei ausgerichtet, wenngleich obiger Ratschlag der Interessen-Balancierung natürlich trotzdem gilt.

Nicht zuletzt sei noch ausdrücklich darauf hingewiesen, daß es sich bei Patenten, Gebrauchsmusterschutzrechten und Lizenzverträgen um potentiell wertvolle Rechte handelt. So können alle genannten etwa verkauft oder vererbt werden. Für diesen Wert und seine Verwaltung ist ausschließlich der Inhaber, und nur der Inhaber, allein verantwortlich. Daher kann der vorliegende Ratgeber lediglich der unverbindlichen Information des Lesers dienen. Es ist ihm dringend geraten, sich keinesfalls auf hier abgedruckte Texte, Formulierungen, Kommentare und Verfahrensweisen zu verlassen. In jedem Einzelfall muß der Leser seine individuellen Voraussetzungen prüfen, idealerweise

15

sich mit einem Anwalt seines Vertrauens beraten und kritisch selbst entscheiden. Eine Berufung auf diesen Buchtitel ist zu jeder Zeit und unter allen Umständen ausgeschlossen: Es wird keinerlei Haftung, in welcher Form auch immer, übernommen. Und nun folgt der Vertragstext.

Exklusiv-Lizenzvertrag

Zwischen

    Herrn Dipl.-Ing. ███████████████████████████
███████████████ , nachfolgend Lizenzgeber (LG) genannt,

und

    Firma ████████████████████████████████████
████████████████ nachfolgend Lizenznehmer (LN) genannt,

wird folgendes festgestellt: Grundlage des Vertrages ist eine Innovation des LG. Die neue technische Vorrichtung trägt die derzeitige Arbeitsbezeichnung CCC (███████████). CCC dient der einfachen und kostengünstigen Raumzugangs-Fernüberwachung für den Massenmarkt. Ein funktionsfähiger Prototyp wurde am ███████████ im Hause ███████████████████████████████████████ vorgestellt und besprochen.

Der LG hat für das System Gebrauchsmusterschutz beim Deutschen Patent- und Markenamt, Aktenzeichen ███████ (Vertragsschutzrecht), angemeldet. Der LN beabsichtigt, CCC herzustellen und zu vertreiben. Die Parteien vereinbaren hierzu:

1) Vertragsgegenstand: Der LG vergibt die unbeschränkte und exklusive Lizenz an dem Vertragsschutzrecht zur Produktion von CCC an den LN. Eine weitere Lizenzvergabe an Dritte ohne Zustimmung des LN ist ausgeschlossen. Der wirtschaftliche Wert von CCC wird bestimmt durch die Produkt- und Funktionsidee, die Größe der potentiellen Zielmärkte national und international, und die technische Entwicklungsarbeit zur einfachen und kostengünstigen Herstellung, die im Prototyp zum Ausdruck kommt.

2) Produktbezogene Rechte LN: Mit Unterzeichnung und Zahlung der vereinbarten Beträge (Anlage B) hält der LN die Produktionsrechte für CCC unbeschränkt und exklusiv nach Punkt 1), solange keine Bestimmung dieses Vertrages dem entgegensteht und solange der Vertrag in Kraft ist. Der LN ist berechtigt, Teilanmeldungen oder Abzweigungen vom Vertragsschutzrecht auf eigene Kosten durch den LG anmelden zu lassen (Nachanmeldungen). Der LN ist berechtigt, Unterlizenzen sowohl national als auch international zu vergeben. Der Weiterverkauf der ausschließlichen Lizenz (Exklusiv-Lizenz) an Dritte ist ausgeschlossen. Bei Unterlizenzvergabe informiert der LN den LG schriftlich zum Abschluß des Unterlizenzvertrages und zwar mindestens über Art und Dauer der Lizenz, sowie über den Namen und die Anschrift des Unterlizenznehmers.

3) Wertsicherung und Verteidigung der Schutzrechte: Der LN schützt und verteidigt den wirtschaftlichen Wert von CCC für sich und den LG sofern dies vertretbar ist und zumindest Aussicht auf einen Teilerfolg hat. Der LN vergrößert nach allen Möglichkeiten den Marktwert und unterläßt und verhindert jede Maßnahme, die dem Marktwert von CCC zum Nachteil gereicht. Der LN verpflichtet sich, weder direkt noch indirekt den Bestand der Schutzrechte anzugreifen noch Dritte dabei mittelbar oder unmittelbar zu unterstützen.
Der LN verteidigt jeden Angriff Dritter gegen die Vertragsschutzrechte, sofern eine wirtschaftliche Relevanz gegeben ist. Hierzu ist der LN berechtigt, Dritten gegenüber Unterlassungs-, Schadensersatz- und Auslandsansprüche wegen Schutzrechtsverletzung in eigenem Namen und auf eigene Kosten geltend zu machen. Hierzu räumt der LG dem LN die uneingeschränkte Klagebefugnis ein.
Wird aufgrund einer Geltendmachung des Schutzrechtes Dritten gegenüber gegen das Schutzrecht eine Nichtigkeitsklage, ein Einspruch, ein Löschungsantrag etc. erhoben, so trägt der LN die Kosten für die Verteidigung des Schutzrechtes. Der LN hat dann das Recht, das Schutzrecht auch in einem gegenüber von dritter Seite entgegengehaltenen Stand der Technik beschränktem Umfang zu verteidigen.

4) Sicherung auf inländischen Märkten: Terminliche und finanzielle Recherche- und Prüfungsverfahrensverpflichtungen obliegen ab Vertragsabschluß und für die Vertragsdauer dem LN. Für die termintreue Zahlung der patentamtlichen Jahresgebühren ist der LG verantwortlich. Die Beträge der Jahresgebühren werden vom LN erstattet.

5) Sicherung auf ausländischen Märkten: In ausländischen Nationen, in denen der LN die Vermarktung von CCC zur Zeit nicht beabsichtigt, ist er berechtigt, Schutzanmeldungen im Namen von und in Abstimmung mit dem LG vorzunehmen, soweit dem keine verhindernden juristischen Gründe in der betreffenden Nation entgegenstehen.

In ausländischen Nationen, in denen der LN die Vermarktung von CCC beabsichtigt, ist er verpflichtet, nicht später als zur Markteinführung die Schutzanmeldungen im Namen von und in Abstimmung mit dem LG vorzunehmen, soweit eine wirtschaftliche Relevanz gegeben ist und soweit dem keine verhindernden juristischen Gründe in der betreffenden Nation entgegenstehen. Die Kosten für ausländische Patentverfahren trägt der LN.

6) Produktion und Vertrieb: Produktions- und Vertriebsregelungen sind in Anlage A festgelegt.

7) Lizenzgebühren: Lizenzgebühren sind in Anlage B festgelegt.

8) Vertragsdauer: Die Laufzeit dieses Vertrages beträgt 5 Jahre ab Unterzeichnung. Danach verlängert sie sich automatisch um je ein Jahr. Falls nach Ablauf von 5 Jahren die abgerechnete jährliche Stückzahl im Durchschnitt unter 20.000 Stück liegt, so haben LN und LG das Recht eine Kündigung (Kündigungsfrist beträgt 8 Wochen zum vollen Vertragslaufzeitjahr) auszusprechen.
8.1.) Der Vertrag erlischt vorzeitig im Fall, das der LN zahlungsunfähig wird und/oder Konkurs anmeldet. In diesem Fall fallen alle Rechte uneingeschränkt an den LG zurück.
8.2) Wird der LN aufgekauft und/oder in ein anderes Unternehmen integriert, oder hält der LN in anderer Weise den ordentlichen Geschäftsbetrieb nicht mehr in eigenem Namen aufrecht, so hält der LG ein außerordentliches Kündigungsrecht.
8.3.) Werden die Lizenzgebühren nicht fristgemäß beglichen oder wird in anderer Form gegen diesen Vertrag verstoßen, so hält der LG ein außerordentliches Kündigungsrecht.
8.4) Wird eine Kündigung durch den LG ausgesprochen, so hält der LN ein Nachbesserungsrecht in Priorität. Der LN kann dann innerhalb von 8 Wochen ab Kündigung den Kündigungsgrund ausräumen, in welchem Fall der Vertrag unbeschadet fortbesteht.
8.5.) Bei Vertragsbeendigung erfolgt grundsätzlich keine Rückzahlung von gezahlten Gebühren. Bestehende Unterlizenzverträge gehen auf den LG über. Die zugehörigen Unterlagen sind an diesen auszuhändigen.

9) Rechtsnachfolge: Der LG kann diesen Vertrag und die Vertragsschutzrechte an einen Rechtsnachfolger seiner Wahl übertragen.

10) Haftung: Der LN trägt die Risiken, die mit der Einführung eines neuen Produktes einhergehen und übernimmt die Produkthaftung. Der LG übernimmt keine Haftung für Ansprüche Dritter und leistet keine Gewähr für die Unabhängigkeit der Vertragsgegenstände von Schutzrechten Dritter.

11) Salvatorische Klausel: Ist oder wird eine Bestimmung dieses Vertrages von Rechts wegen ungültig, so bleiben die übrigen Vertragsbestandteile unbeschadet in Kraft. Die Parteien verpflichten sich, die ungültige Bestimmung alsbald durch eine gesetzlich zulässige zu ersetzen, die der ursprünglichen Bestimmung in ihrer wirtschaftlichen und rechtlichen Auswirkung am nächsten kommt.

12) Abschlussbemerkungen: Mündliche Vereinbarungen bestehen nicht. Es ist vereinbart, daß zukünftige mündliche Vereinbarungen, auch mithilfe von Zeugen oder als Aufzeichnung, grundsätzlich keine Gültigkeit besitzen: Änderungen oder Ergänzungen dieses Vertrages bedürfen in jedem Einzelfall der Schriftform.

13) Gerichtsstand: Als Gerichtsstand für diesem Vertrag wird Köln vereinbart.

Duisburg, den   Bad Homburg, den

20

ANLAGE A – Produktion und Vertrieb

A.1) Produktionsbeginn: Der LN übt die Lizenz aus und sagt den 01.04.███ als Starttermin für die Vermarktung von CCC in Deutschland zu. „Vermarktung" ist definiert als: Flächendeckende Information und Bestellmöglichkeit des Groß- und Einzelhandels bei handelsüblichen Lieferzeiten. Der LN ist berechtigt, einen früheren Starttermin zu wählen. Der Verzug des Starttermins begründet eine Erhöhung der Grundlizenz (Anlage B) um 100 %, zur Zahlung fällig in dem Monat, in dem der Verzug festgestellt wird.

A.2) Produktions- und Absatzplanung: Die Produktion in und für Deutschland startet mit 10.000 bis 20.000 Stück für das Jahr ███. Mit Abschluß des Jahres ███ erfolgt eine genauere Absatzprognose durch den LN. Das Potential auf dem deutschen Markt wird vom LN mit 10.000 bis 250.000 Stück je Jahr eingeschätzt. Im Ausland wird CCC in den ersten drei Vertragsjahren mindestens in Belgien, Luxemburg, Holland, Frankreich, Österreich, Schweiz, und eventuell Großbritannien und Spanien, vermarktet.

A.3) Öffentliche Produktbezeichnung: Der LN ist berechtigt, die bisherige Bezeichnung „CCC" als Produktname zu verwenden. Der LN ist ebenso berechtigt, einen von „CCC" verschiedenen Namen zu wählen und als Werbe- und Verkaufsbezeichnung zu verwenden. Die Rechte an der benutzten Bezeichnung hält der LG, er stellt sie dem LN kostenfrei für die gesamte Zeit zu Verfügung, in der dieser Vertrag in Kraft ist.

A.4) Lizenzvermerk: Jedes einzelne Produktionsstück wird zumindest in der Montageanleitung oder auf der Verpackung vom LN mit der Registriernummer der jeweiligen national-amtlichen Patentbehörde versehen und ausgeliefert. In betriebswirtschaftlich begründeten Ausnahmefällen kann von der Anbringung der Registriernummer abgesehen werden. Über eine ergänzende, auf die Urheberschaft hinweisende Angabe entscheidet der LN.

A.5) Mitarbeit des Lizenzgebers: Wünscht der LN eine beratende oder andere Mitarbeit des LG, so wird Umfang und Vergütung durch einen

21

Vertrag zwischen den Parteien bestimmt.

A.6) Aktualisierung: CCC bietet die Möglichkeit, eine umfangreiche Produktfamilie nach unterschiedlichen Materialien, Farben, Dekoren, Ausführungen, Zielgruppen etc. aufzubauen und zu vertreiben. Von jedem Modell, das im Vertrieb/Bestellwesen in Deutschland eine eigenständige Bestellnummer führt, erhält der LG nicht später als zur Markteinführung ein kostenfreies Muster mit begleitendem Datenblatt, aus dem Produktionsstückzahlen, Produktionsorte, Absatzmärkte und Verkaufspreise hervorgehen.

Von jedem Modell, das im Vertrieb/Bestellwesen im Ausland eine eigenständige Bestellnummer führt, erhält der LG auf schriftliche Anforderung ein kostenfreies Muster mit begleitendem Datenblatt, aus dem Produktionsstückzahlen, Produktionsorte, Absatzmärkte und Verkaufspreise hervorgehen.

A.7) Weiterentwicklungen: Der LG wird dem LN zukünftige Schutzrechte, die Weiterentwicklungen des Vertragsschutzrechtes betreffen, zur Lizenznahme anbieten. Betrifft ein solches Schutzrecht lediglich eine geringwertige Ergänzung im Sinne einer von dem Vertragsschutzrecht abhängigen Erfindung, so ist die Benutzung eines solchen Schutzrechtes nicht gesondert vergütungspflichtig. Die Laufzeit des Vertrages verlängert sich dann jedoch bis zum Verfall dieses ergänzenden Schutzrechtes. Betrifft ein solches Schutzrecht dagegen eine eigenständige Weiterentwicklung, so einigen sich die Parteien auf eine Vergütungsregelung, die der wirtschaftlichen Bedeutung der Erfindung im Lichte des Vertragsschutzrechtes entspricht.

22

Die ANLAGE B

ANLAGE B – Lizenzgebühren

B.1) Lizenzgebühren: Als Entgelt ist eine einmalige Lizenzgebühr bei Vertragsabschluß und eine stückzahlbezogene Lizenzgebühr über der Vertragslaufzeit vereinbart. Sollten Gebühren oder Teile davon mehrwertsteuerpflichtig sein oder werden, so erhöhen sich die Beträge um den gültigen Mehrwertsteuersatz.

B.1.1) Die einmalige Schutzgebühr ersetzt die Einnahmen aus ausgeschlossenen Drittlizenzverträgen und gleicht die bisher angefallenen Investitionen und Risikoprämien des LG aus. Sie beträgt EUR 5.000 (in Worten: Euro fünftausend).

B.1.2) Die stückzahlbezogene Lizenzgebühr beträgt <u>bis zu dem Zeitpunkt</u>, da sich durch Recherchenbericht (= Recherche zur Ermittlung der öffentlichen Druckschriften, §7 Gebrauchsmustergesetz) abzeichnet, daß das Vertragsschutzrecht schutzfähig ist, 3 % (in Worten: drei Prozent) des Umsatzes (= bezahlte Rechnungsbeträge abzüglich Rabatte, Verpackungen und Steuer).
<u>Ab diesem Zeitpunkt</u> ergibt sich die Jahreslizenzgebühr bis zu einer Stückzahl von 1.000.000/Kalenderjahr (eine Million je Kalenderjahr) nach folgender Formel, die sich zusammensetzt aus einem stückzahlabhängigen Formelteil und einer Grundlizenz von EUR 6.000 (Euro sechstausend) als Sockelbetrag:

$$L = (1 * 10^{-13} * S^3) - (3 * 10^{-7} * S^2) + (0,57 * S) + 6000 \, [\text{€}]$$

(L: Die vom LN an den LG zu entrichtende Jahreslizenzgebühr. S: Stückzahl per anno [St/a] unabhängig von Modell, Ausführung, Material, Zielgruppe, Lagerproduktion, Produktionsland, Vertriebsland, Herstellkosten, Endpreis, Steuersätzen etc.). Beispiel Wertetabelle:

Jahresstückzahl S	Jahreslizenzgebühr L (EUR)
1.000	6.569,70
20.000	17.280,80
150.000	85.087,50

Für Stückzahlen größer als 1.000.000 (Eine Million) Stück je Kalenderjahr beträgt die Stücklizenz 0,382 Euro/Stück (in Worten: Null Komma Drei Acht Zwei Euro je Stück).

Der Rechercheantrag wird umgehend nach Zeichnung dieses Kontraktes und Vorliegen aller Unterlagen/Muster (= Entwürfe/Zeichnungen CCC, Kopie des Gebrauchsmusterschutzantrages bzw. Gebrauchsmusterschutzunterlagen, Prototyp des CCC [Hier reicht auch eine zeitweise zur Verfügungstellung mit späterer Rückgabe an den LG]) des LG vom LN gestellt.

B.1.3) Die Grundlizenz je Vertragsjahr beträgt EUR 6.000 (Euro sechstausend). „Grundlizenz" ist definiert als: „Über die gesamte Laufzeit des Vertrages konstanter Betrag, der regelmäßig wiederkehrend einmal jährlich und unabhängig von den tatsächlichen Jahresstückzahlen an den LG zu zahlen ist.

B.1.4) Die Rückzahlung/Teilrückzahlung von Lizenzgebühren ist ausgeschlossen. Verrechnungen mit vergangenen oder zukünftigen Zeiträumen sind ausgeschlossen.

B.1.5) Der LN gestattet dem LG über einen zur Verschwiegenheit verpflichtetem Buchprüfer einmal jährlich Einsicht in die Buchhaltungsunterlagen zu nehmen, wobei die Kosten nur dann vom LN übernommen werden, wenn der Buchprüfer Abweichungen feststellt.

B.2) Zahlungsfälligkeiten

B.2.1) Die einmalige Schutzgebühr ist mit Unterzeichnung des Vertrages fällig.

B.2.2) Berechnungszeitraum für die stückzahlbezogene Lizenzgebühr ist das Kalenderjahr. Zahlungstermin für die stückzahlbezogene Lizenzgebühr ist jeder 01.03. des Folgejahres, erster Zahlungstermin ist der 01.03.██ .

B.2.3) Die Grundlizenz ist zu jedem 01.01. im Voraus eines jeden Kalenderjahres fällig. Die erste Grundlizenz wird mit Unterzeichnung des Vertrages gezahlt. Die erste turnusgemäße Grundlizenz ist zum 01.01.██ fällig.

Liegt die stückzahlbezogene Lizenzgebühr um mehr als 200 % über der Grundlizenz, so erfolgen anstelle der jährlichen stückzahlbezogenen Lizenzzahlung monatliche Abschlagszahlungen zu jeden 1. des Monats. Die Höhe des monatlichen Abschlags beträgt 80% der letzten

Jahreslizenzsumme/12 (= 0,8*L/12), abgerundet auf den nächstniedrigen vollen Hunderterbetrag (Bsp.: Abschlagsberechnung = 3.586,72 Euro, Abschlagszahlung = 3.500,00 Euro). Die Höhe des monatlichen Abschlags errechnet sich nach jedem abgelaufenen Kalenderjahr neu. Zu jedem Jahresabschluß (01.03.) erfolgt die genaue Abrechnung und Restzahlung.

B.2.4) Bei früherem Produktionsbeginn als dem 01.04.█ ändern sich die Zahlungstermine entsprechend.

B.2.5) Als Zahlungsfrist für alle Zahlungen gilt ein Zeitraum von 14 Tagen.

3. Besprechung des Lizenzvertrags

(absatzweise)

Hier wird nun der vorgestellte Vertragstext im Einzelnen besprochen. Auf jeden Vertragstextabschnitt, grau unterlegt, folgt ein Kommentar mit Erläuterungen zum „Was, Weshalb, Wie und Warum".

Vertragsteil I
Der Basisvertrag

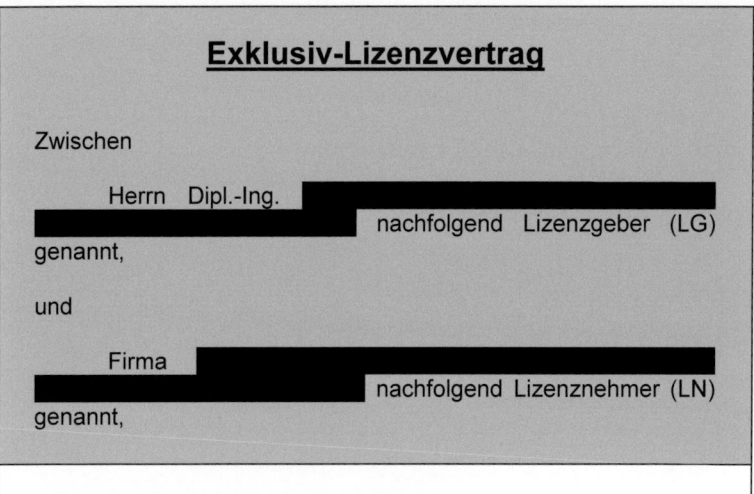

Exklusiv-Lizenzvertrag

Zwischen

Herrn Dipl.-Ing.

nachfolgend Lizenzgeber (LG)
genannt,

und

Firma

nachfolgend Lizenznehmer (LN)
genannt,

Kommentar zum Vertragskopf

Der Exklusiv-Lizenzvertrag startet mit der Überschrift und der Identifizierung der Vertragspartner. Eindeutigkeit ist dabei anzustreben, um Verwechselungen so gut als möglich auszuschließen. Einzelpersonen sollten zusätzlich zu Namen und Anschrift auch Geburtsdatum und ähnliche Merkmale einfügen, Firmen zusätzlich den Namen und die Funktion des Unterzeichnenden. Ebenfalls wichtig und zu bedenken ist noch, daß die an dieser Stelle eingetragenen Stamm- und Wohnsitze oft auch einkommenssteuerliche Fragen beeinflussen – schließlich erhält der hier benannte Lizenznehmer Einkommen aus diesem Vertrag.

wird folgendes festgestellt: Grundlage des Vertrages ist eine Innovation des LG. Die neue technische Vorrichtung trägt die derzeitige Arbeitsbezeichnung CCC. CCC dient der einfachen und kostengünstigen Raumzugangs-Fernüberwachung für den Massenmarkt. Ein funktionsfähiger Prototyp wurde am ▮▮▮▮▮ im Hause ▮▮▮▮▮▮▮▮▮▮ vorgestellt und besprochen.

Der LG hat für das System Gebrauchsmusterschutz beim Deutschen Patent- und Markenamt, Aktenzeichen ▮▮▮▮▮ (Vertragsschutzrecht), angemeldet. Der LN beabsichtigt, CCC herzustellen und zu vertreiben. Die Parteien vereinbaren hierzu:

Kommentar zur Vertragseinführung

Hier wird zunächst in einem Überblick erklärt, worüber dieser Vertrag abgeschlossen wird. Fakten aus der Entstehungsgeschichte werden eindeutig benannt – hier der Vorstellungstermin des Prototyps (Was, Wann, Wo). Die Basis des erteilten Schutzrechts durch das Deutsche Patentamt samt Aktenzeichen der Gebrauchsmuster-Anmeldung ist festgehalten. Schließlich wird die Absicht des Lizenznehmers, das Produkt herzustellen und zu vertreiben, beschrieben.

1) **Vertragsgegenstand:** Der LG vergibt die unbeschränkte und exklusive Lizenz an dem Vertragsschutzrecht zur Produktion von CCC an den LN. Eine weitere Lizenzvergabe an Dritte ohne Zustimmung des LN ist ausgeschlossen. Der wirtschaftliche Wert

von CCC wird bestimmt durch die Produkt- und Funktionsidee, die Größe der potentiellen Zielmärkte national und international, und die technische Entwicklungsarbeit zur einfachen und kostengünstigen Herstellung, die im Prototyp zum Ausdruck kommt.

Kommentar zum Vertragsparagraph 1

Hier wird definiert, welche Art von Lizenz der Lizenzgeber vergibt und der Lizenznehmer erwirbt. Es handelt sich um eine unbeschränkte Exklusivlizenz. Der Lizenznehmer sichert sich also alleinig alle Rechte an dem Produkt. Aus dem Wort „unbeschränkt", und dem Text der Vertragseinführung, geht hervor, daß der Lizenznehmer nicht nur herstellen möchte, sondern auch vermarkten. Dies wird in späteren Paragraphen genauer geregelt.

Da es sich um eine Exklusivlizenz handelt, wird konkret bestimmt, daß der Lizenzgeber keine weiteren Lizenzen verkaufen darf ohne Zustimmung des Lizenznehmers. Würde also nach Vertragsunterzeichnung ein weiteres Unternehmen Interesse an dem Produkt zeigen, so sind dem Erfinder die Hände gebunden: Er darf keine weitere Lizenz verkaufen. Er beschränkt sich freiwillig auf diesen einen Vertragspartner für die gesamte Laufzeit des Vertrages – mit allen Risiken. Unter anderem deshalb sind Exklusivlizenzen teurer als Einzellizenzen.

2) Produktbezogene Rechte LN: Mit Unterzeichnung und Zahlung der vereinbarten Beträge (Anlage B) hält der LN die Produktionsrechte für CCC unbeschränkt und exklusiv nach Punkt 1), solange keine Bestimmung dieses Vertrages dem entgegensteht und solange der Vertrag in Kraft ist. Der LN ist berechtigt, Teilanmeldungen oder Abzweigungen vom Vertragsschutzrecht auf eigene Kosten durch den LG anmelden zu lassen (Nachanmeldungen). Der LN ist berechtigt, Unterlizenzen sowohl national als auch international zu vergeben. Der Weiterverkauf der ausschließlichen Lizenz (Exklusiv-Lizenz) an Dritte ist ausgeschlossen. Bei Unterlizenzvergabe informiert der LN den LG schriftlich zum Abschluß des Unterlizenzvertrages und zwar mindestens über Art und Dauer der Lizenz, sowie über den Namen und die Anschrift des Unterlizenznehmers.

Kommentar zum Vertragsparagraph 2

Hier geht es nun genauer um die Rechte des Lizenznehmers. Es wird bestimmt, ab wann genau der Rechteübertrag erfolgt – nämlich erst nach Unterzeichnung und Zahlung, und nur dann, wenn dem sonst nichts anderes entgegensteht. Dabei handelt es sich um allgemein formulierte Absicherungen, weil es theoretisch jederzeit zu Änderungen aller Art kommen kann: Zahlungsunfähigkeit, unverschuldetes Unvermögen zur Produktion etc. In all diesen Fällen möchte der Lizenzgeber nicht gebunden sein, ohne daß Geld geflossen ist oder auch ohne daß das Produkt hergestellt wird.

Dann wird geklärt, daß der Lizenznehmer Verbesserungen, die vielleicht erst im Produktionsprozeß auffallen, oder die durch spätere Kunden nachgefragt werden, auf eigene Kosten mit Schutzrechten versehen darf, die allerdings der Lizenzgeber durchführt. Es wird ferner bestimmt, daß der Lizenznehmer Unterlizenzen vergeben darf, also etwa Zulieferer beauftragen darf, dieses Produkt für ihn zu fertigen. Er darf auch einem anderen Unternehmen eine Lizenz verkaufen.

Der Verkauf der vollständigen Exklusivlizenz, also sozusagen des gesamten Lizenzvertrages, hingegen ist ihm untersagt. Dies schon deswegen, damit der Lizenzgeber Herr seines Rechtes bleibt und stets nur seinen aktuellen Vertragspartner zu Pflichten heranziehen muß. Man stelle sich nur vor, der Lizenznehmer wäre nicht in dieser Art beschränkt und entschiede sich, seine Exklusivlizenz an ein Unternehmen in China oder in Brasilien zu verkaufen: Fortan hätte der Lizenzgeber mit einer chinesischen oder brasilianischen Firma zu verhandeln, deren Fertigung zu kontrollieren und Lizenzgebühren im fernen Ausland einzufordern. Das Vertragsgeschäft samt seiner Produktrechte könnten ihm sehr schnell, und vollständig, aus der Hand gleiten. Schließlich wird noch eine Informationspflicht für den Lizenznehmer vereinbart, falls dieser eine Unterlizenz vergeben sollte. So bleibt der Lizenzgeber stets über den aktuellen Verwertungsstand seiner Rechte informiert und kann seine legitimen Lizenzansprüche kontrollieren und einfordern.

3) Wertsicherung und Verteidigung der Schutzrechte: Der LN schützt und verteidigt den wirtschaftlichen Wert von CCC für sich und den LG sofern dies vertretbar ist und zumindest Aussicht auf einen Teilerfolg hat. Der LN vergrößert nach allen Möglichkeiten den Marktwert und unterläßt und verhindert jede Maßnahme, die dem Marktwert von CCC zum Nachteil gereicht. Der LN verpflichtet sich, weder direkt noch indirekt den Bestand der Schutzrechte anzugreifen noch Dritte dabei mittelbar oder unmittelbar zu unterstützen.

Der LN verteidigt jeden Angriff Dritter gegen die Vertragsschutzrechte, sofern eine wirtschaftliche Relevanz gegeben ist. Hierzu ist der LN berechtigt, Dritten gegenüber Unterlassungs-, Schadensersatz- und Auslandsansprüche wegen Schutzrechtsverletzung in eigenem Namen und auf eigene Kosten geltend zu machen. Hierzu räumt der LG dem LN die uneingeschränkte Klagebefugnis ein.

Wird aufgrund einer Geltendmachung des Schutzrechtes Dritten gegenüber gegen das Schutzrecht eine Nichtigkeitsklage, ein Einspruch, ein Löschungsantrag etc. erhoben, so trägt der LN die Kosten für die Verteidigung des Schutzrechtes. Der LN hat dann das Recht, das Schutzrecht auch in einem gegenüber von dritter Seite entgegengehaltenen Stand der Technik beschränktem Umfang zu verteidigen.

Kommentar zum Vertragsparagraph 3

Da Patent- und Gebrauchsmuster-Schutzrechte einen großen Wert besitzen können – sie können verkauft, vererbt, übertragen und verschenkt werden – und auch, weil hier eine unbeschränkte Exklusivlizenz vergeben wird, ist die Wertsicherung aus Blickrichtung des Rechte-Inhabers ein wichtiges Thema. Verteidigungsfälle gab es in der Vergangenheit zahlreiche: Lizenznehmer griffen das selbst gekaufte Schutzrecht beim Patentamt an, siegten, und fertigten danach ohne weitere Lizenzgebühren zu bezahlen. Drittunternehmen griffen das Schutzrecht an, worauf der Lizenznehmer den Lizenzgeber verpflichtete, es vollständig und auf seine Kosten zu verteidigen usw. usw. Also – exakte Regelungen zu allen Fällen, in denen das Schutzrecht verteidigt werden muß, sind wichtig. Als Exklusiv-Lizenznehmer steht im vorliegenden Fall überwiegend der Vertragspartner in der Pflicht. Zu bedenken ist, daß es sich dabei nicht um eine unbillige Bürde handeln muß: Ist das Produkt nämlich ein Markterfolg, so besitzt der Lizenznehmer ein kleines Monopol durch seine Exklusivlizenz. Er hat dann auch ein beträchtliches Eigeninteresse, daß es dabei bleibt.

4) Sicherung auf inländischen Märkten: Terminliche und finanzielle Recherche- und Prüfungsverfahrensverpflichtungen obliegen ab Vertragsabschluß und für die Vertragsdauer dem LN. Für die termintreue Zahlung der patentamtlichen Jahresgebühren ist der LG verantwortlich. Die Beträge der Jahresgebühren werden vom LN erstattet.

Kommentar zum Vertragsparagraph 4

Hier geht es um die grundsätzliche Sicherung der Schutzrechte beim Patentamt. Die Verpflichtungen aus dem laufenden Betrieb obliegen dem Lizenznehmer. Dagegen ist der Lizenzgeber für die termingerechte Zahlung der Gebühren, und damit für die Aufrechterhaltung, seines Gebrauchsmusters verantwortlich. Denn: Werden die Gebühren nicht rechtzeitig beim Patentamt gezahlt, so erlischt das Schutzrecht – und damit die Vertragsgrundlage! Im Falle eines Falles bräuchte der Lizenznehmer also bloß die rechtzeitige Zahlung „vergessen"...

Die Gebühren werden allerdings vom Lizenznehmer als alleinigem Nutzer erstattet.

5) Sicherung auf ausländischen Märkten: In ausländischen Nationen, in denen der LN die Vermarktung von CCC zur Zeit nicht beabsichtigt, ist er berechtigt, Schutzanmeldungen im Namen von und in Abstimmung mit dem LG vorzunehmen, soweit dem keine verhindernden juristischen Gründe in der betreffenden Nation entgegenstehen.

In ausländischen Nationen, in denen der LN die Vermarktung von CCC beabsichtigt, ist er verpflichtet, nicht später als zur Markteinführung die Schutzanmeldungen im Namen von und in Abstimmung mit dem LG vorzunehmen, soweit eine wirtschaftliche Relevanz gegeben ist und soweit dem keine verhindernden juristischen Gründe in der betreffenden Nation entgegenstehen.

Die Kosten für ausländische Patentverfahren trägt der LN.

Kommentar zum Vertragsparagraph 5

Hier geht es um die Sicherung der Schutzrechte im Ausland. Zunächst ist es dem Lizenznehmer gestattet, auf allen ausländischen Märkten, die ihm sinnvoll erscheinen, Schutzrechte anzumelden, zum Beispiel zur Verhinderung unerwünschten Wettbewerbes, oder auch, um es einem potentiellen Unterlizenznehmer einfacher zu machen. Der Lizenznehmer ist also völlig frei in seiner Marketing-Planung und Vorsorge. Eine Pflicht zur Anmeldung besteht für ihn nicht.

Zusätzlich aber muß er Schutzrechte anmelden in denjenigen Ländern, in denen eine Vermarktung beabsichtigt ist. In all diesen Fällen trägt der Lizenznehmer die Kosten.

6) Produktion und Vertrieb: Produktions- und Vertriebsregelungen sind in Anlage A festgelegt.

Kommentar zum Vertragsparagraph 6

Wie leicht zu erkennen ist, entwickelt sich solch ein Vertrag schnell in einen umfangreichen, und auch recht trockenen Text, in dem schnell die Übersicht verloren gehen kann. Deshalb wurde hier festgelegt, daß die ihrerseits recht umfangreichen Regelungen zur Produktion und zum Vertrieb ausgelagert werden in eine Anlage A zu diesem Hauptvertrag (siehe nächste Seiten).

7) Lizenzgebühren: Lizenzgebühren sind in Anlage B festgelegt.

Kommentar zum Vertragsparagraph 7

Gleiches gilt für die umfangreichen Regelungen zu den anfallenden Lizenzgebühren. Auch diese Regelungen werden ausgelagert in eine Anlage B zu diesem Hauptvertrag (siehe nächste Seiten).

8) Vertragsdauer: Die Laufzeit dieses Vertrages beträgt 5 Jahre ab Unterzeichnung. Danach verlängert sie sich automatisch um je ein Jahr. Falls nach Ablauf von 5 Jahren die abgerechnete jährliche Stückzahl im Durchschnitt unter 20.000 Stück liegt, so haben LN und LG das Recht eine Kündigung (Kündigungsfrist beträgt 8 Wochen zum vollen Vertragslaufzeitjahr) auszusprechen.

Kommentar zum Vertragsparagraph 8

Wesentlicher Punkt vieler Verträge ist ihre Laufzeit. Hier ist eindeutig festgelegt: Die Dauer beträgt 5 Jahre und verlängert sich automatisch, so nicht widersprochen wird. Theoretisch bleibt er also 10 Jahre unverändert in Kraft, da die maximale Schutzdauer des Gebrauchsmusters 10 Jahre beträgt. Außerdem ist festgelegt, daß bei wirtschaftlichem Nichterfolg, dieser wurde hier beiderseits definiert als eine verkaufte Stückzahl kleiner als 20.000/Jahr, jeder Vertragspartner ordentlich kündigen darf.

8.1.) Der Vertrag erlischt vorzeitig im Fall, das der LN zahlungsunfähig wird und/oder Konkurs anmeldet. In diesem Fall fallen alle Rechte uneingeschränkt an den LG zurück.

Kommentar zum Vertragsparagraph 8.1

Um sich als Lizenzgeber zu schützen und Optionen offen zu halten, zumal bei der Vergabe einer Exklusivlizenz, wird hier bestimmt, daß in massiven wirtschaftlichen Krisenfällen des Lizenznehmers alle Rechte an den Lizenzgeber „ohne Wenn und Aber" und unmittelbar zurückfallen.

8.2) Wird der LN aufgekauft und/oder in ein anderes Unternehmen integriert, oder hält der LN in anderer Weise den ordentlichen Geschäftsbetrieb nicht mehr in eigenem Namen aufrecht, so hält der LG ein außerordentliches Kündigungsrecht.

Kommentar zum Vertragsparagraph 8.2

Auch in dem Fall, daß sich der rechtliche Status des Lizenznehmers wesentlich ändert, darf der Lizenz-

34

geber, aus gleichen Gründen wie oben, den Vertrag kündigen. Hintergrund ist, daß keineswegs klar ist, wie eine neue Geschäftsführung mit dem Vertrag umzugehen gedenkt. Einem „Schleifenlassen" wird somit vorgebeugt. Selbstverständlich kann es auch gut sein, daß der Betrieb dennoch wie bisher weiterläuft. Deshalb ist hier nicht von einer Erlöschung des Vertrages, sondern nur von einem Kündigungsrecht die Rede.

8.3.) Werden die Lizenzgebühren nicht fristgemäß beglichen oder wird in anderer Form gegen diesen Vertrag verstoßen, so hält der LG ein außerordentliches Kündigungsrecht.

Kommentar zum Vertragsparagraph 8.3

Verhält sich der Lizenznehmer nicht nach den Grundsätzen eines ordentlichen Kaufmannes, darf der Lizenzgeber, aus gleichen Gründen wie oben, den Vertrag kündigen. Ob es aber tatsächlich sinnvoll ist, einen im Grunde wertvollen Vertrag zu kündigen, nur weil beispielsweise Zahlungsausstände existieren, muß im Einzelfall entschieden werden.

8.4) Wird eine Kündigung durch den LG ausgesprochen, so hält der LN ein Nachbesserungsrecht in Priorität. Der LN kann dann innerhalb von 8 Wochen ab Kündigung den Kündigungsgrund ausräumen, in welchem Fall der Vertrag unbeschadet fortbesteht.

Kommentar zum Vertragsparagraph 8.4

Hier wird der Lizenznehmer vor zu schnellen Entscheidungen des Lizenzgebers geschützt. Denn auch das Produktionsunternehmen hat möglicherweise viel Geld investiert in eine Fertigungsstraße und/oder eine Vertriebsstruktur. Es möchte diese Investitionen natürlich nicht durch einen Fehler, der immer mal vorkommen kann, riskieren. Bevor also eine ausgesprochene Vertragskündigung wirksam wird, hat der Lizenznehmer das Recht, innerhalb von 2 Monaten nachzubessern und damit die Kündigung unwirksam zu stellen. So kann es nicht geschehen, daß der Lizenzgeber wegen einer „Kleinigkeit" den Vertrag kündigt, aus welchen Gründen auch immer.

8.5.) Bei Vertragsbeendigung erfolgt grundsätzlich keine Rückzahlung von gezahlten Gebühren. Bestehende Unterlizenzverträge gehen auf den LG über. Die zugehörigen Unterlagen sind an diesen auszuhändigen.

Kommentar zum Vertragsparagraph 8.5

Hier wird die Abwicklung bei Vertragsbeendigung geregelt: Bereits gezahlte Gebühren werden in keinem Fall zurückgezahlt, und eventuell bestehende Unterlizenzverträge gehen auf den Lizenzgeber über. Es besteht eine Dokumentenübergabepflicht.

9) Rechtsnachfolge: Der LG kann diesen Vertrag und die Vertragsschutzrechte an einen Rechtsnachfolger seiner Wahl übertragen.

Kommentar zum Vertragsparagraph 9

Hier sichert sich der Lizenzgeber die Verfügungsfreiheit an seinem Eigentum. Er kann zu jeder Zeit den Vertrag samt aller Rechte und Pflichten in beliebiger Form weitergeben: Verkaufen, vererben, verschenken - was immer. Theoretisch wäre es auch möglich, im Streitfall den Vertrag temporär an die Rechtsanwaltskanzlei des Lizenzgebers zu überschreiben.

10) Haftung: Der LN trägt die Risiken, die mit der Einführung eines neuen Produktes einhergehen und übernimmt die Produkthaftung. Der LG übernimmt keine Haftung für Ansprüche Dritter und leistet keine Gewähr für die Unabhängigkeit der Vertragsgegenstände von Schutzrechten Dritter.

Kommentar zum Vertragsparagraph 10

Um keine Mißverständnisse aufkommen zu lassen, wird hier noch einmal dargestellt, daß es sich um die Markteinführung eines neuen Produktes handelt, für die der Lizenznehmer, wie bei allen Produkten seines Unternehmens, das Risiko trägt. Der Lizenzgeber übernimmt keine Haftung. Ein Sonderfall hier besteht darin, daß der Lizenzgeber auch keine abschließende Gewähr für das Gebrauchsmuster selbst übernehmen kann, da die Recherche, wie weiter oben angeführt, noch gar nicht durchgeführt werden konnte.

11) Salvatorische Klausel: Ist oder wird eine Bestimmung dieses Vertrages von Rechts wegen ungültig, so bleiben die übrigen Vertragsbestandteile unbeschadet in Kraft. Die Parteien verpflichten sich, die ungültige Bestimmung alsbald durch eine gesetzlich zulässige zu ersetzen, die der ursprünglichen Bestimmung in ihrer wirtschaftlichen und rechtlichen Auswirkung am nächsten kommt.

Kommentar zum Vertragsparagraph 11

Die „Rettungsklausel", wie sie in fast jeden Vertragstext vorkommt. Im Wesentlichen besagt sie, daß der Vertrag nicht wegen lediglich eines enthaltenen juristischen Fehlers aufgelöst werden kann. Es muß dann lediglich die beanstandete Einzelregelung korrigiert werden, der Vertrag selbst bleibt in Kraft. So ist die Existenz des Vertrags vor Formfehlern geschützt.

12) Abschlußbemerkungen: Mündliche Vereinbarungen bestehen nicht. Es ist vereinbart, daß zukünftige mündliche Vereinbarungen, auch mithilfe von Zeugen oder als Aufzeichnung, grundsätzlich keine Gültigkeit besitzen: Änderungen oder Ergänzungen dieses Vertrages bedürfen in jedem Einzelfall der Schriftform.

Kommentar zum Vertragsparagraph 12

Einer der wichtigsten Paragraphen: Hier wird festgehalten und durch Unterzeichnung bestätigt, daß **bis zum Zeitpunkt** des Vertragabschlusses keine weiteren Absprachen bestehen, und somit der Vertragstext alleinige Basis der Partnerschaft ist. Keine Partei kann sich in der Zukunft auf angebliche Nebenabreden oder mündliche Vereinbarungen berufen.

Zusätzlich wird auch **sämtlichen zukünftigen Gesprächen** zwischen den Parteien, also denjenigen **ab Vertragsabschluß,** kein Wert in Bezug auf das Vertragsverhältnis zugebilligt, solange sie nicht in Schriftform vorliegen.

13) Gerichtsstand: Als Gerichtsstand für diesem Vertrag wird Köln vereinbart.

Duisburg, den   Bad Homburg, den

Kommentar zum Vertragsparagraph 13

Die Abschlußzeilen jedes Vertrages tragen Ort, Datum und Unterschriften der Parteien. Mit dem Unterzeichnen und Aushändigen der jeweiligen Vertragsausfertigungen ist ein rechtskräftiger Vertrag zustande gekommen. Ab sofort bestimmt nurmehr der Vertragstext, wie es weitergeht.

Die Anlage A

ANLAGE A – Produktion und Vertrieb

A.1) Produktionsbeginn: Der LN übt die Lizenz aus und sagt den 01.04.███ als Starttermin für die Vermarktung von CCC in Deutschland zu. „Vermarktung" ist definiert als: Flächendeckende Information und Bestellmöglichkeit des Groß- und Einzelhandels bei handelsüblichen Lieferzeiten. Der LN ist berechtigt, einen früheren Starttermin zu wählen. Der Verzug des Starttermins begründet eine Erhöhung der Grundlizenz (Anlage B) um 100 %, zur Zahlung fällig in dem Monat, in dem der Verzug festgestellt wird.

Kommentar zum Vertragsparagraph A.1

Wie oft ist jedes einzelne Wort wichtig. **„Der LN übt die Lizenz aus"** bedeutet die Verpflichtung zur Produktion und Vermarktung. So kann es nicht passieren, daß der Lizenznehmer zwar ordnungsgemäß zahlt, es sich aber anders überlegt und das Produkt in der Schublade beläßt.

Sodann wird ein konkreter Starttermin für die Vermarktung (! – nicht: Produktion) angegeben, und obendrein der Begriff „Vermarktung" definiert. So wird Mißverständnissen und Unklarheiten vorgebeugt. Gegen einen früheren Produktsstart ist üblicherweise nichts einzuwenden, und so ist der Lizenznehmer darin frei.

Schließlich ist eine Verzugsstrafe vereinbart für den Fall, daß der Lizenznehmer den Starttermin „verschlampt", was gar nicht so selten vorkommt. Hier beträgt die „Strafe" 100 % der Grundlizenz.

A.2) Produktions- und Absatzplanung: Die Produktion in und für Deutschland startet mit 10.000 bis 20.000 Stück für das Jahr ██. Mit Abschluß des Jahres ██ erfolgt eine genauere Absatzprognose durch den LN. Das Potential auf dem deutschen Markt wird vom LN mit 10.000 bis 250.000 Stück je Jahr eingeschätzt. Im Ausland wird CCC in den ersten drei Vertragsjahren mindestens in Belgien, Luxemburg, Holland, Frankreich, Österreich, Schweiz, und eventuell Großbritannien und Spanien, vermarktet.

Kommentar zum Vertragsparagraph A.2

Obwohl es bei der Markteinführung eines neuen Produktes häufig schwierig ist, Absatzzahlen im Voraus zu wissen, werden hier Einschätzungen niedergeschrieben, um die grundsätzlichen Vorstellungen der Vertragspartner festzuhalten. Bei starken Abweichungen besteht so ein Grund, Überprüfungen vorzunehmen. Und im Fall von Streitigkeiten ist klar, von welchen Voraussetzungen ernsthaft ausgegangen wurde.

Wichtiger noch ist aber die Festlegung, daß der Lizenznehmer das Produkt auch in konkreten Auslandsmärkten anbieten wird.

A.3) Öffentliche Produktbezeichnung: Der LN ist berechtigt, die bisherige Bezeichnung „CCC" als Produktname zu verwenden. Der LN ist ebenso berechtigt, einen von „CCC" verschiedenen Namen zu wählen und als Werbe- und Verkaufsbezeichnung zu verwenden. Die Rechte an der benutzten Bezeichnung hält der LG, er stellt sie dem LN kostenfrei für die gesamte Zeit zu Verfügung, in der dieser Vertrag in Kraft ist.

Kommentar zum Vertragsparagraph A.3

Die Produktbezeichnung kann ein wertvolles „Unterrecht" eines jeden Produktes ein. Sollte der Fall eines Markterfolges eintreten, so entsteht eine Marke, die viel wert sein kann (*Nivea, Tempo* etc.). Den Marketing-strategen des Lizenznehmers wird hier die volle Wahlfreiheit für den Produktnamen eingeräumt. Allerdings behält der Lizenzgeber sämtliche Rechte daran. So kann er einen sich entwickelten erfolgreichen Produktnamen weiternutzen, falls das Vertragsverhältnis aufgelöst wird.

A.4) Lizenzvermerk: Jedes einzelne Produktionsstück wird zumindest in der Montageanleitung oder auf der Verpackung vom LN mit der Registriernummer der jeweiligen national-amtlichen Patentbehörde versehen und ausgeliefert. In betriebswirtschaftlich begründeten Ausnahmefällen kann von der Anbringung der Registriernummer abgesehen werden. Über eine ergänzende, auf die Urheberschaft hinweisende Angabe entscheidet der LN.

Kommentar zum Vertragsparagraph A.4

Idealerweise wird jedes einzelne Herstellungsstück mit der Schutzrechtsbemerkung und dem Aktenzeichen versehen. Hier legte der Lizenznehmer glaubwürdig dar, daß dies zu hohe Produktionskosten verursachen würde und man einigte sich deshalb auf die Anbringung zumindest auf der Verpackung.

A.5) Mitarbeit des Lizenzgebers: Wünscht der LN eine beratende oder andere Mitarbeit des LG, so wird Umfang und Vergütung durch einen Vertrag zwischen den Parteien bestimmt.

Kommentar zum Vertragsparagraph A.5

Mit rechtskräftigen Abschluß des Lizenzvertrages ist die Leistung des Lizenzgebers vollständig erbracht. Dennoch neigen Lizenznehmer manchmal dazu, den Erfinder und Vertragspartner für alle Arten von Weiterentwicklung, Verwaltungsarbeit usw. ohne weitere Vergütung „einzuspannen". Dem wird hier eine konkrete Grenze gesetzt, indem vereinbart wird, daß in allen solchen Fällen ein zusätzlicher Vertrag, und eine zusätzliche Vergütung, notwendig ist.

A.6) Aktualisierung: CCC bietet die Möglichkeit, eine umfangreiche Produktfamilie nach unterschiedlichen Materialien, Farben, Dekoren, Ausführungen, Zielgruppen etc. aufzubauen und zu vertreiben. Von jedem Modell, das im Vertrieb/Bestellwesen in Deutschland eine eigenständige Bestellnummer führt, erhält der LG nicht später als zur Markteinführung ein kostenfreies Muster mit begleitendem Datenblatt, aus dem Produktionsstückzahlen, Produktionsorte, Absatzmärkte und Verkaufspreise hervorgehen. Von jedem Modell, das im Vertrieb/Bestellwesen im Ausland eine eigenständige Bestellnummer führt, erhält der LG auf schriftliche Anforderung ein kostenfreies Muster mit begleitendem Datenblatt, aus dem Produktionsstückzahlen, Produktionsorte, Absatzmärkte und Verkaufspreise hervorgehen.

Kommentar zum Vertragsparagraph A.6

Das Produkt CCC bietet einen großen Spielraum hinsichtlich Modellvielfalt. Da es dadurch schwierig für den Lizenzgeber werden kann, den Überblick zu behalten – schließlich ist er weder täglich vor Ort an den Produktionsanlagen, noch kann er wöchentlich alle Vertriebsstellen, Baumärkte etc. durchstreifen – von Versionen im Ausland ganz zu schweigen. Deshalb wird der Lizenznehmer hier verpflichtet, über die Ergänzung der Produktfamilie bei jeder Neuerung zu informieren.

A.7) Weiterentwicklungen: Der LG wird dem LN zukünftige Schutzrechte, die Weiterentwicklungen des Vertragsschutzrechtes betreffen, zur Lizenznahme anbieten. Betrifft ein solches Schutzrecht lediglich eine geringwertige Ergänzung im Sinne einer von dem Vertragsschutzrecht abhängigen Erfindung, so ist die Benutzung eines solchen Schutzrechtes nicht gesondert vergütungspflichtig. Die Laufzeit des Vertrages verlängert sich dann jedoch bis zum Verfall dieses ergänzenden Schutzrechtes. Betrifft ein solches Schutzrecht dagegen eine eigenständige

Weiterentwicklung, so einigen sich die Parteien auf eine Vergütungsregelung, die der wirtschaftlichen Bedeutung der Erfindung
im Lichte des Vertragsschutzrechtes entspricht.

Kommentar zum Vertragsparagraph A.7

Hier sichert sich der Lizenznehmer mit einer Art Vor-
kaufsrecht gegen unliebsame Konkurrenz und auch
gegen zusätzliche Kosten ab, indem der Lizenzgeber
sich verpflichtet, eventuelle Neuerungen oder Verbesserungen zuerst ihm anzubieten. Ansonsten wäre es
vielleicht möglich, eine wesentliche Verbesserung von
CCC einem anderen Lizenznehmer anzubieten, woraus
unbillige Konkurrenz entstünde, an der kein Lizenznehmer interessiert ist – besonders nicht, wenn hohe
Investitionen, zum Beispiel für eine eigenständige
Fertigungsstraße, notwendig waren.

Die Anlage B

ANLAGE B – Lizenzgebühren

B.1) Lizenzgebühren: Als Entgelt ist eine einmalige Lizenz-gebühr bei Vertragsabschluß und eine stückzahlbezogene Lizenzgebühr über der Vertragslaufzeit vereinbart. Sollten Gebühren oder Teile davon mehrwertsteuerpflichtig sein oder werden, so erhöhen sich die Beträge um den gültigen Mehrwertsteuersatz.

Kommentar zum Vertragsparagraph B.1

Weil es hier um die wesentlichen, und gegensätzlichsten, Positionen geht, nämlich kurz gesagt ums Geld, nahmen die Verhandlungen zu dieser Anlage B rund zwei Drittel der gesamten Verhandlungszeit in Anspruch. Die Lizenz-Vereinbarungen sehen mehrstufige Zahlungen vor: Zunächst ist eine einmalige Lizenzgebühr bei Vertragsabschluß vereinbart. Dann wird eine periodische Grundgebühr gezahlt, die jährlich fällig wird, und zwar unabhängig von den tatsächlich produzierten und verkauften Stückzahlen. Schließlich wird eine stückzahl-abhängige Lizenz gezahlt.

Abschließend ist festgelegt, daß im mehrwertsteuer-relevanten Fall die Mehrwertsteuerbeträge vom Lizenz-nehmer beglichen werden.

B.1.1) Die einmalige Schutzgebühr ersetzt die Einnahmen aus ausgeschlossenen Drittlizenzverträgen und gleicht die bisher angefallenen Investitionen und Risikoprämien des LG aus. Sie beträgt EUR 5.000 (in Worten: Euro fünftausend).

Kommentar zum Vertragsparagraph B.1.1

Hier wird Grund und Höhe der Einmalzahlung festgelegt.

B.1.2) Die stückzahlbezogene Lizenzgebühr beträgt bis zu dem Zeitpunkt, da sich durch Recherchenbericht (= Recherche zur Ermittlung der öffentlichen Druckschriften, §7 Gebrauchsmustergesetz) abzeichnet, daß das Vertragsschutzrecht schutzfähig ist, 3 % (in Worten: drei Prozent) des Umsatzes (= bezahlte Rechnungsbeträge abzüglich Rabatte, Verpackungen und Steuer).

Ab diesem Zeitpunkt ergibt sich die Jahreslizenzgebühr bis zu einer Stückzahl von 1.000.000/Kalenderjahr (eine Million je Kalenderjahr) nach folgender Formel, die sich zusammensetzt aus einem stückzahlabhängigen Formelteil und einer Grundlizenz von EUR 6.000 (Euro sechstausend als Sockelbetrag) :

$$L = (1*10^{-13}*S^3) - (3*10^{-7}*S^2) + (0,57*S) + 6000 \; [€]$$

(L: Die vom LN an den LG zu entrichtende Jahreslizenzgebühr. S: Stückzahl per anno [St/a] unabhängig von Modell, Ausführung, Material, Zielgruppe, Lagerproduktion, Produktionsland, Vertriebsland, Herstellkosten, Endpreis, Steuersätzen etc.) Beispiel Wertetabelle:

Jahresstückzahl S	Jahreslizenzgebühr L (EUR)
1.000	6.569,70
20.000	17.280,80
150.000	85.087,50

Für Stückzahlen größer als 1.000.000 (Eine Million) Stück je Kalenderjahr beträgt die Stücklizenz 0,382 Euro/Stück (in Worten: Null Komma Drei Acht Zwei Euro je Stück).

Der Rechercheantrag wird umgehend nach Zeichnung dieses Kontraktes und Vorliegen aller Unterlagen/Muster (= Entwürfe/ Zeichnungen CCC, Kopie des Gebrauchsmusterschutzantrages bzw. Gebrauchsmusterschutzunterlagen, Prototyp des CCC [Hier reicht auch eine zeitweise zur Verfügungstellung mit späterer Rückgabe an den LG]) des LG vom LN gestellt.

Kommentar zum Vertragsparagraph B.1.2

Hier wird die zeit- und stückzahl-abhängige Lizenzgebühr festgelegt. Schon der Umfang dieses Paragraphen deutet an, wieviel Zeit und gegensätzliche Vorstellungen, dahinter standen.

Ein Sonderfall hier ist die Tatsache, daß zum Vertragstermin die Recherche noch nicht abgeschlossen war. Aus diesem Grund ist die Zahlungsvereinbarung unterteilt in „Vor dem Recherche-Ergebnis" und „Nach dem Recherche-Ergebnis". Solche Fälle kommen vor, wenn das neue Produkt vielversprechend erscheint und keine Zeit verloren werden soll.

Für die eigentliche Berechnung der flexiblen Lizenzgebühr gilt eine schöne, lange, vielfach überprüfte und veränderte Formel. Wer bis jetzt meinte, Mathematik sei in seinem Leben unnötig, der wird hier also eines Besseren belehrt. Durch die langen Verhandlungen zwischen den Vertragsparteien über diese Zahlungen entwickelte sich das obige Binom zur Lizenzgebührberechnung in immer komplexere Bereiche bis hin zur endgültigen Form. Für in diesem Bereich eher wenig bewanderte Menschen können hier Fallstricke liegen, da solche mathematischen Funktionen Nullstellen an den unmöglichsten Stellen besitzen können: In der Praxis kann dies bedeuten, daß die Lizenzgebühren trotz guter Verkaufszahlen plötzlich Null betragen. Also – besser dreimal überprüfen. Um zu vermeiden, daß sich eine Vertragspartei irgendwann in der Zukunft auf Druck-, Verständnis- und sonstige -Fehler berufen kann, ist eine beispielhafte Wertetabelle eingefügt. So ist jederzeit klar, welche Beträge bei welchen Stückzahlen fällig werden.

B.1.3) Die Grundlizenz je Vertragsjahr beträgt EUR 6.000 (Euro sechstausend). „Grundlizenz" ist definiert als: „Über die gesamte Laufzeit des Vertrages konstanter Betrag, der regelmäßig wiederkehrend einmal jährlich und unabhängig von den tatsächlichen Jahresstückzahlen an den LG zu zahlen ist.

Kommentar zum Vertragsparagraph B.1.3

Obwohl bereits aus Punkt B.1.2 hervorgehend, wird hier noch einmal konkret die Höhe der jährlichen, stückzahl-UN-abhängigen Lizenzgebühr festgelegt.

B.1.4) Die Rückzahlung/Teilrückzahlung von Lizenzgebühren ist ausgeschlossen. Verrechnungen mit vergangenen oder zukünftigen Zeiträumen sind ausgeschlossen.

Kommentar zum Vertragsparagraph B.1.4

Ging es bisher vor allem um die zukünftig fälligen Lizenzzahlungen, so sichert hier der Lizenzgeber seine Lizenzeinnahmen ab, die er erhalten haben wird. Es geht also (hauptsächlich) um die Vergangenheit aus Sicht der Zukunft: Jeder Berechnungszeitraum steht unabhängig von anderen für sich allein: Rückzahlungen und Verrechnungen sind ausgeschlossen.

B.1.5) Der LN gestattet dem LG über einen zur Verschwiegenheit verpflichtetem Buchprüfer einmal jährlich Einsicht in die Buchhaltungsunterlagen zu nehmen, wobei die Kosten nur dann vom LN übernommen werden, wenn der Buchprüfer Abweichungen feststellt.

Kommentar zum Vertragsparagraph B.1.5

Hier wird eine Kontrollmöglichkeit der Abrechnungen festgeschrieben. In aller Regel wird der Lizenznehmer regelmäßig eine vernünftige und korrekte Aufstellung nach Stückzahlen pro Zeitraum übergeben, die dann Basis für die Lizenzzahlungen ist. Sollte es dabei aber zu

Unregelmäßigkeiten oder gar Verdächtigungen kommen, dann können mithilfe dieser Vertragsklausel die Bücher des Unternehmens von einem Spezialisten überprüft werden. Dieser Schritt sollte nur in sehr begründeten Ausnahmefällen gegangen werden, weil er das notwendige Vertrauensverhältnis zwischen den Vertragspartnern belasten kann.

B.2) Zahlungsfälligkeiten

Kommentar zum Vertragsparagraph B.2

Zahlungsfälligkeiten legen konkrete Zeitpunkte fest, zu denen Zahlungen fällig werden. Das ist wichtig, denn nur fällige Zahlungen können angemahnt werden, sollte das einmal nötig werden. Eine nicht fällige Zahlung kann natürlich auch nicht beansprucht werden. Viele Erfahrungen zeigen, daß aufgrund nicht definierter Fälligkeiten mit gar nicht so kleiner Wahrscheinlichkeit irgendwann in der Zukunft Auseinandersetzungen entstehen können.

B.2.1) Die einmalige Schutzgebühr ist mit Unterzeichnung des Vertrages fällig.

Kommentar zum Vertragsparagraph B.2.1

Diese Bestimmung legt die Zahlungsfälligkeit der einmaligen Schutzgebühr fest auf den Unterzeichnungstermin des Vertrages.

B.2.2) Berechnungszeitraum für die stückzahlbezogene Lizenzgebühr ist das Kalenderjahr. Zahlungstermin für die stückzahlbezogene Lizenzgebühr ist jeder 01.03. des Folgejahres, erster Zahlungstermin ist der 01.03.███.

Kommentar zum Vertragsparagraph B.2.2

Hier wird der Abrechnungszeitraum für die stückzahl-bezogene Lizenzgebühr festgelegt, da Produktionsjahre häufig nicht den Kalenderjahren entsprechen. Auch der Zahltermin für diese Lizenzgebühr wird festgelegt. Er liegt nicht am 31.12. oder 01.01., weil der Lizenznehmer natürlich Zeit benötigt, um seine Inventur durchzuführen und die Abrechnungen zu erstellen. Da CCC auch Auslandspotential besitzt, ist der 1. März als Abrechnungstermin nicht einmal besonders großzügig.

B.2.3) Die Grundlizenz ist zu jedem 01.01. im Voraus eines jeden Kalenderjahres fällig. Die erste Grundlizenz wird mit Unterzeichnung des Vertrages gezahlt. Die erste turnusgemäße Grundlizenz ist zum 01.01.███ fällig.
Liegt die stückzahlbezogene Lizenzgebühr um mehr als 200 % über der Grundlizenz, so erfolgen anstelle der jährlichen stückzahlbezogenen Lizenzzahlung monatliche Abschlagszahlungen zu jeden 1. des Monats. Die Höhe des monatlichen Abschlags beträgt 80% der letzten Jahreslizenzsumme/12 (= 0,8*L/12), abgerundet auf den nächstniedrigen vollen Hunderterbetrag (Bsp.: Abschlagsberechnung = 3.586,72 Euro, Abschlagszahlung = 3.500,00 Euro). Die Höhe des monatlichen Abschlags errechnet sich nach jedem abgelaufenen Kalenderjahr neu. Zu jedem Jahresabschluß (01.03.) erfolgt die genaue Abrechnung und Restzahlung.

Kommentar zum Vertragsparagraph B.2.3

Etwas anders sieht es bei periodischen und stückzahl-unabhängigen Lizenzgebühren aus. Diese sind unabhängig von Abrechnungen fällig, und bestehen obendrein aus festen, unveränderlichen Beträgen. Es gibt also keinen Grund, diese Zahlungen nicht sofort zu Beginn des Abrechnungszeitraumes vorzunehmen.
Dann folgen Festlegungen die nur den Fall betreffen, daß CCC ein außerordentlicher Markterfolg werden sollte. Hintergrund ist, daß niemand gerne einen kosten-

losen Kredit gewährt: Würden die jährlichen, stückzahlbezogenen Lizenzzahlungen zum Beispiel 120.000 Euro
betragen, so gäbe es keinen Grund, auf diese Summe ein
ganzes Jahr zu warten (..was einem Geschenk an den
Lizenzgeber, je nach Zinssatz, von rund 5.000 Euro
entspräche). Statt dessen monatlich 10.000 Euro
auszuzahlen, ist die bessere Lösung.

B.2.4) Bei früherem Produktionsbeginn als dem 01.04.█
ändern sich die Zahlungstermine entsprechend.

Kommentar zum Vertragsparagraph B.2.4

In diesem Vertragspunkt wird der Fall abgedeckt, daß
der Lizenznehmer früher als festgelegt die Produktion
und/oder den Vertrieb aufnimmt. So etwas kommt vor,
denn taggenau können größere Unternehmen ein eher
kleines Nebenprodukt oft nicht in ihre Infrastruktur
einbinden. Und den Lizenznehmer stört ein früherer
Start meistens nicht, bedeutet es doch frühere Verkäufe
und damit frühere Lizenzzahlungen.
Es sind allerdings auch Fälle denkbar, in denen der
Lizenzgeber nicht einverstanden ist mit einem früheren
Produktstart. Dafür kann es Gründe geben, etwa, falls
es sich nicht um einen Exklusivvertrag handelt und
noch Verhandlungen mit zusätzlichen Lizenznehmern
anstehen, die ihrerseits nicht überrascht werden möchten vom Wettbewerb.

B.2.5) Als Zahlungsfrist für alle Zahlungen gilt ein Zeitraum von
14 Tagen.

Kommentar zum Vertragsparagraph B.2.5

Zahlungsfrist und Zahlungsfälligkeit ist nicht dasselbe: Erst sobald eine Zahlungsfälligkeit festgestellt wurde, zum Beispiel am 01.08., läuft die Zahlungsfrist. Im vorliegenden Fall beträgt diese 14 Tage. Wird also irgendeine Zahlung aufgrund dieses Vertrages an einem 01.08. fällig, so darf der Lizenznehmer sich bis zum 14.08. mit der Überweisung Zeit lassen (es zählt der Tag des Zahlungseingangs). Erfolgt bis zum 15.08. kein Zahlungseingang, dann darf/soll in einer ersten Stufe freundlich erinnert werden. Und erst in der Folge, falls die Erinnerung ohne Wirkung blieb, angemahnt werden.

Verlags-Programm
-Auszug-

Unsere Bestseller & Neuheiten

1. Allein gelassen? Die Exliebe wiedergewinnen Wenn die Liebe zur Tür hinaus ist und alles nach lebenslangem Novemberwetter ausschaut, dann regiert die Sehnsucht pur: So schön wäre es, wieder von ihm/ihr in den Arm genommen zu werden. Dieser Ratgeber enthält eine ausführliche Schritt-für-Schritt Anleitung für den möglichen Anfang vom Happy-End: Leicht verständlich sind mehrere Psychologieprinzipien zusammengefaßt, um Ihrer Ex-Liebe das „Ex" sanft aus der Hand zu nehmen. 3. Auflage 2007 • 12 x 19 cm • Euro 7,90 • ISBN 978-3-8311-1825-0. Darüberhinaus sind 2 erweiterte Ausgaben erhältlich: **Allein gelassen? Die Exliebe wiedergewinnen...und die 10 wichtigsten Tips zum Zusammenbleiben!** 2008 • 12 x 19 cm • Euro 9,90 • ISBN 978-3-8370-6876-4 sowie **Allein gelassen? Die Exliebe wiedergewinnen...und zusammen bleiben!** 2003 • 12 x 19 cm • Euro 11,90 • ISBN 978-3-8330-0692-0 **2. Deutscher Patent-**

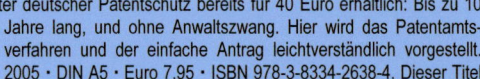

schutz für 40 Euro. Wie Ihre kleinen Ideen & Erfindungen großes Geld verdienen Irgendwann hat jeder einmal eine gute Produktidee. Doch Gelderfolg stellt sich selten ein, weil wertvolles geistiges Eigentum ungeschützt bleibt: „...Zu kompliziert, zu teuer.." lautet meist die Begründung. Dabei ist echter deutscher Patentschutz bereits für 40 Euro erhältlich: Bis zu 10 Jahre lang, und ohne Anwaltszwang. Hier wird das Patentamtsverfahren und der einfache Antrag leichtverständlich vorgestellt. 2005 • DIN A5 • Euro 7,95 • ISBN 978-3-8334-2638-4. Dieser Titel

ist auch in englisch erhältlich. **3. Bevor es zu spät ist: Die Trennung verhindern!** Wenn zu spüren ist, daß die Liebe zur Tür hinaus will, dann ist es höchste Zeit zu reagieren. Doch wie können Sie Ihre Beziehung noch retten ? Hier erfahren Sie mehr als 30 wertvolle Tips aus der praktischen Psychologie, damit Ihr Partner seine Trennungsgedanken noch einmal überdenkt. Gleichzeitig legen Sie damit die Grundsteine für eine lange und glückliche Beziehung zu zweit – gerade jetzt, wenn es gar nicht danach ausschaut. 2009 • 12 x 19 cm • Euro 8,95 • ISBN 978-3-8370-8865-6 **4. Florida für Einwanderer.** Sonne, Palmen und Meer – damit ist für die meisten Menschen Florida, der tropische Bundesstaat der USA, beschrieben. Doch wer hier länger leben

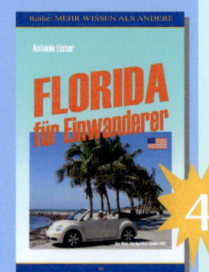

möchte als 2 Wochen, wer vielleicht gar Resident sein möchte, dem nutzt das typische Urlauberwissen nur wenig. In diesem Ratgeber wird Florida für Einwanderer beschrieben: Seine Geographie, das Klima, die Wirtschaft und Politik. Danach erfahren Sie alles Nötige über das Wohnen, Arbeiten und Steuern und vieles mehr aus erster Hand. 2009 • DIN A5 • Euro 9,95 • ISBN 978-3-8370-8866-3

Alltag graut – Yachtbesitz bräunt

„Durchschnitts-Landratte wird Schiffsbesitzer" - wer hat davon noch nicht geträumt? Hier ist der Beweis, daß wirklich jeder Mann und jede Frau ein neues Leben beginnen kann. Spannend und unterhaltsam werden die Erlebnisse eines völlig boots-unerfahrenen Menschen aus Deutschland erzählt – auf seinem Weg zum süßen, unbeschwerten Leben auf der eigenen Yacht in Florida: Ab sofort ist jedes Jahr das beste Jahr. 2000 · 12 x 19 cm · Euro 12,74 · ISBN 978-3-8981-1334-2

100 verblüffende Autogeheimnisse

Wer sich nicht sicher ist, wieviel PS ein Pferd hat...ob Dieselmotoren Livio mögen...wie eine 220 V - Steckdose ins fahrende Auto kommt... und weitere 97 Tatsachen erfahren möchte, die normalerweise Kfz-Ingenieuren vorbehalten bleiben – der liest hier über weithin unbekannte Eigenschaften der erfolgreichsten Maschine der Erde. 2002 · DIN A5 · Euro 15,90 · ISBN 978-3-8311-1826-7

Ein gebrauchtes Auto kaufen. Die wichtigsten Tips & Tricks für Nicht-Techniker.
Auf dem privaten Gebrauchtwagenmarkt sind häufig bessere und günstigere Angebote als beim Händler zu finden – wenn man sich nur ein wenig auskennt. Aber wie finden sich die guten Angebote unter den zahlreichen fragwürdigen? Dieser Ratgeber zeigt allen Nicht-Technikern die wirklich wichtigen Tips & Tricks leichtverständlich auf: 1. Welche Anzeigen Sie besser nicht anrufen 2. Wie Sie geschickt mit dem Verkäufer umgehen 3. Wie Sie versteckte Mängel am Auto erkennen. 2007 · DIN A5 · Euro 7,95 · ISBN 978-3-8334-9079-8

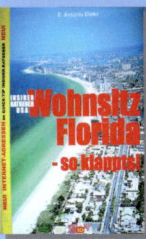

Wohnsitz Florida – so klappts!

Um sich in den USA erfolgreich niederzulassen, sei es nun permanent oder zeitweilig, ist viel amerikanisches Know-how notwendig. Die Wohnsitz-Ratgeber über Florida und Kalifornien sind umfassende, detaillierte Handbücher zu dem jeweiligen US-Bundesstaat: Visamöglichkeiten, Hauskauf, Autokauf, Steuern, Stellensuche - kurz, das komplette Gewusst-Wie zum Leben genießen in den USA erfährt der Leser aus erster Hand. Ebenso enthalten sind viele ausgewählte Tips, Anschriften und Internetadressen, wie sie nur die Praxis liefern kann. 2000 · DIN A5 · Euro 15,29 · ISBN 978-3-89811-216-1

Liebeskummer Lösungsland

Eine der schönsten wahren Kennenlern-, Auswanderungs-, Trennungs- und Liebeserzählungen, wie sie nur das Leben schreibt: Deutschland, Neuseeland, USA – erst liebend zu zweit, dann allein und verlassen, und schließlich zwei neue »Love Birds« fest zusammenstehend in einem neuen, traumhaften Leben. Diese Geschichte ist der Beweis – wer sich nicht unterkriegen läßt, der erreicht seine Ziele. Farb- und S/W-Fotos. 2007 · 12x19 cm · Euro 7,95 · ISBN 978-3-8334-6914-5

Tips & Tricks zu GreenCard und B-Visa

Die USA sind Top-Einwanderungsziel unserer Erde. Dieser Ratgeber informiert alle Menschen, die sich zeitweise oder permanent dort niederlassen möchten über die beiden gängigsten Visaformen. Er erklärt die Unterschiede zwischen GreenCard und B1/B2 Visum, und worauf es bei den amerikanischen Behörden bei der Beantragung ankommt. 2000 · DIN A5 · Euro 6,60 · ISBN 978-3-89811-159-1

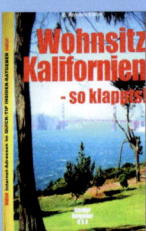

Wohnsitz Kalifornien – so klappts!

Um sich in den USA erfolgreich niederzulassen, sei es permanent oder zeitweilig, ist viel amerikanisches Know-how notwendig. Die Wohnsitz-Ratgeber über Kalifornien und Florida sind umfassende, detaillierte Handbücher zu dem jeweiligen US-Bundesstaat: Visamöglichkeiten, Hauskauf, Autokauf, Steuern, Stellensuche - das komplette Gewusst-wie zum Leben genießen in den USA erfährt der Leser aus erster Hand. Auch enthalten sind ausgewählte Tips und Anschriften, wie sie nur die Praxis liefern kann. 2000 · DIN A5 · Euro 15,29 · ISBN 978-3-8981-1332-8

Schicksalszahlen 2009

Viele Menschen wissen es intuitiv: In unserer sogenannten modernen Welt existieren Kenntnisse und Fähigkeiten, die den Wissenschaften auf immer verborgen bleiben – und von denen nur wenige zu träumen wagen. Hier halten Sie den Ablauf der Welt in Händen: Die täglichen Entscheider über Glück und Unglück in Ihrem Leben – die Schicksals-zahlen für 2009. 2008 · 12 x 19 cm · Euro 7,95 · ISBN 978-3-8370-6833-7

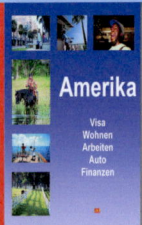

Amerika: Visa • Wohnen • Arbeiten • Auto • Finanzen

Aufbauend auf den Titel „Wegziehen in die USA" liefert dieser Ratgeber noch detailliertere USA-Informationen, die weit über das übliche Urlaubswissen hinausgehen: Visaformen, Hauskauf und Anmietung, Stellensuche, Firmengründung, Autokauf, Führerscheine, Banken und Steuern. 2001 · DIN A4 · Euro 9,95 · ISBN 978-3-8311-1922-6

Tipps & Tricks für Autofahrer

Praktisches Know-how für Autofahrer im Alltag spart Geld, hilft weiter und macht Spaß – besonders, wenn es sogar manchem Automechaniker unbekannt ist und leichtverständlich erzählt wird: Hier werden verblüffende Tips & Tricks rund um das Auto vorgestellt, die jedermann und jederfrau anwenden kann. So wird das Konto bei Reparaturen und beim Gebrauchtwagenkauf geschont, und der Leser weist sich bei Freunden und Bekannten als gewiefter Fachmann aus. 2004 · DIN A5 · Euro 5,95 · ISBN 978-3-8334-0764-2

Land in Feindeshand – Deutschland wird sozialistisch

Viele Anzeichen der deutschen und europäischen Politik geben Anlaß zu großer Sorge: Um persönliche Freiheit, um persönliches Eigentum und um die kommende Generation. Zeichen totalitärer Prinzipien und Denkweisen verstärken sich. Zieht schon wieder der häßliche und latent kriminelle Sozialismus auf? 2003 · 12 x 19 cm · Euro 9,90 · ISBN 978-3-8330-0485-8

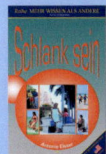

Schlank sein

Abnehmen und das Gewicht halten ist wirklich einfacher als manche Diät-Gurus glauben machen: Tatsächlich reichen leichtverständliche Kenntnisse aus. Und sich totzusporten ist unnötig. Auch Sie können schöner, gesünder, kostengünstiger – und natürlich glücklicher leben. Ein völlig ideologiefreier Ratgeber, zum Sofortstart geeignet: Jetzt kann jeder schön-schlank sein. 2005 · 12 x 19 cm · Euro 6,95 · ISBN 978-3-8334-3191-3

Tanken für 0,99 (DM)

Besonders für Dieselfahrer und an Technik interessierte Menschen: Dieselmotoren sind Mehrstoffmaschinen, die mit verschiedenen Kraftstoffen zuverlässig arbeiten. Wie und wo das eigene Diesel-Fahrzeug mit VEGA 9010, dem günstigen, überall erhältlichen und umwelt-freundlichen Spar-Kraftstoff betankt wird, das beschreibt dieser Ratgeber. Es fallen keine Umbaukosten an. 2001 · 12 x 19 cm · Euro 9,95 · ISBN 978-3-8311-2173-1

Männer zum Heiraten verführen. 40 Do's & Don'ts

Heiraten – für viele Frauen das romantischste Ziel einer guten Partnerschaft auf ihrem Weg zur besten. Doch falls „der Beste von allen" noch nicht so recht überzeugt ist, oder die Beziehung noch etwas Feinschliff benötigt, dann hilft dieser Ratgeber der modernen Frau. In 40 Einzelpunkten erfährt die Leserin leicht verständliches psychologisches Wissen, um ihre Partnerschaft weiter zu verbessern und in seinem Kopf die Hochzeitsgedanken hüpfen zu lassen. 2003 · 12 x 19 cm · Euro 8,90 · ISBN 978-3-8311-4235-4

Hexen heute erkennen

Viele Menschen wissen es intuitiv: In unserer Welt existieren Kenntnisse und Fähigkeiten, die den Wissenschaften verborgen bleiben, und von denen nur wenige zu träumen wagen: Wirkliche Hexen sind unter uns. Daß die klugen Zauberinnen, zu unrecht oft als böse abgestempelt, nicht als alte Frauen mit schwarzer Katze auftreten, ist vielen klar. Doch wie sind sie dann auszumachen? Und sollte man das überhaupt versuchen? 2005 · 12 x 19 cm · Euro 8,90 · ISBN 978-3-8334-3192-0

. . . so werden Sie geheiratet

Heiraten – für viele Menschen das romantischste und höchste Ziel einer guten Partnerschaft auf ihrem Weg zur besten. Doch falls „der beste Partner von allen" noch nicht so recht überzeugt ist ? Oder vielleicht vom Heiraten gar nichts wissen will ? Dann hilft dieser Ratgeber. In mehr als 30 alltags-typischen Einzelpunkten erfährt der/die Leser(in) leicht verständliches und einfach anzuwendendes psychologisches Know-How, um in beiden Köpfen freudige Hoch-zeitsgedanken hüpfen zu lassen. 2008 · 12 x 19 cm · Euro 7,90 · ISBN 978-3-8370-2457-9